LIBRO RECOMENDADO

Jarosław Jankowski

¿Sabes quién eres?
Una guía por los 16 tipos de personalidad ID16™©

¿Por qué somos tan diferentes? ¿Por qué asimilamos la información de forma distinta, descansamos de otra manera, tomamos decisiones de otra forma y organizamos de manera diferente nuestra vida?

«¿Sabes quién eres?» te permitirá comprenderte mejor a ti mismo y a los demás. El test ID16 ™© incluido en el libro te ayudará a determinar tu tipo de personalidad, ofreciéndote una valiosa introspección.

Tu tipo de personalidad:
Mentor
(INFJ)

Tu tipo de personalidad:

Mentor
(INFJ)

JAROSŁAW JANKOWSKI

LOGOS
MEDIA

Tu tipo de personalidad: Mentor (INFJ)

Esta publicación puede ayudarte a utilizar mejor tu potencial, a crear relaciones saludables con otras personas y a tomar buenas decisiones en lo relativo a la educación y la carrera profesional. Sin embargo, en ningún caso debería ser tratada como un sustituto de una consulta psicológica o psiquiátrica especializada. El autor y el editor no asumen la responsabilidad por los eventuales daños resultantes de un uso indebido de este libro.

ID16™© es una tipología de la personalidad original. No se la debe confundir con las tipologías y los test de personalidad de otros autores o instituciones.

Título original: Twój typ osobowości: Mentor (INFJ)

Traducción del idioma polaco: Ángel López Pombero, Lingua Lab, www.lingualab.pl

Redacción: Xavier Bordas Cornet, Lingua Lab, www.lingualab.pl

Redacción técnica: Zbigniew Szalbot

Editor: LOGOS MEDIA

ISBN (versión impresa): 978-83-7981-206-6

ISBN (EPUB): 978-83-7981-207-3

ISBN (MOBI): 978-83-7981-208-0

Índice

Prólogo

Tu tipo de personalidad: Mentor (INFJ) es un extraordinario compendio de conocimiento acerca del *mentor*, uno de los 16 tipos de personalidad ID16™©.

Esta guía es parte de la serie ID16™©, formada por 16 libros dedicados a los diferentes tipos de personalidad. De forma exhaustiva y clara responden a las siguientes preguntas:

- ¿Qué piensan y sienten las personas que pertenecen a un determinado tipo de personalidad? ¿Cómo toman las decisiones? ¿Cómo solucionan los problemas? ¿De qué tienen miedo? ¿Qué les irrita?

- ¿Con qué tipos de personalidad se relacionan y cuáles evitan? ¿Qué tipo de amigos, cónyuges, padres son? ¿Cómo los ven los demás?

- ¿Qué predisposiciones profesionales tienen? ¿En qué entorno trabajan de manera más efectiva? ¿Qué profesiones se corresponden mejor con su tipo de personalidad?

- ¿En qué son buenos y en qué deben mejorar? ¿Cómo deben aprovechar su potencial y evitar las trampas?

- ¿Qué personas conocidas pertenecen a un determinado tipo de personalidad?

- ¿Qué sociedad muestra más rasgos característicos de un determinado tipo?

En este libro también encontrarás la información más importante sobre la tipología ID16™©.

Esperamos que te ayude a conocerte mejor a ti mismo y a los demás.

EDITORES

ID16™© entre las tipologías de personalidad de Jung

ID16™© pertenece a la familia de las denominadas tipologías de personalidad de Jung, que hacen referencia a la teoría de Carl Gustav Jung (1875 – 1961), psiquiatra y psicólogo suizo, uno de los principales representantes de la denominada psicología profunda.

Sobre la base de muchos años de estudio y observación, Jung llegó a la conclusión de que las diferencias en las actitudes y las preferencias de las personas no son casuales. Creó la división, bien conocida hoy en día, entre extrovertidos e introvertidos. Además, distinguió cuatro funciones de la personalidad, que forman dos pares de factores contrarios: percepción – intuición y pensamiento – sentimiento. Estableció también que en cada una de estas parejas domina una de las funciones. Jung llegó a la convicción de que las funciones dominantes de cada persona son permanentes e independientes de las condiciones externas y que su resultante es el tipo de personalidad.

En el año 1938 dos psiquiatras estadounidenses, Horace Gray y Joseph Wheelwright, crearon el primer test de personalidad basado en la teoría de Jung, que permitía determinar las funciones dominantes en las tres dimensiones descritas por él: **extroversión – introversión, percepción – intuición** y **pensamiento – sentimiento**. Este test se convirtió en una inspiración para otros investigadores. En el año 1942, también en suelo americano, Isabel Briggs Myers y Katharine Briggs comenzaron a emplear su propio test de personalidad, ampliando el clásico modelo tridimensional de Gray y Wheelwright con una cuarta dimensión: **juicio – percepción**. La mayoría de las tipologías y test de personalidad posteriores, referidos a la teoría de Jung, también toman en consideración esta cuarta dimensión.

Pertenecen a ellas, entre otros, la tipología americana publicada en el año 1978 por David W. Keirsey, así como el test de personalidad creado en Lituania en los años 70 del siglo XX por Aušra Augustinavičiūtė. En las décadas posteriores, investigadores de diferentes partes del mundo fueron tras sus huellas. Ellos crearon otras tipologías con cuatro dimensiones y varios test de personalidad adaptados a las condiciones y necesidades locales.

A este grupo pertenece la tipología de personalidad independiente ID16™©, desarrollada en Polonia por el pedagogo y mánager Jarosław Jankowski. Esta tipología, publicada en la primera década del siglo XXI, también se basa en la teoría clásica de Carl Jung. Al igual que otras tipologías de Jung contemporáneas, se inscribe en la corriente del análisis tetradimensional de la personalidad. En el marco de ID16™© estas dimensiones se llaman las **cuatro tendencias naturales**. Estas tendencias tienen un carácter dicotómico y su imagen proporciona información sobre el tipo de personalidad de la persona. El análisis de la primera tendencia tiene como objetivo determinar la **fuente de energía vital** dominante (el mundo exterior o el mundo interior). El análisis de la segunda tendencia determina la **forma dominante de asimilación de la información** (a través de los sentidos o a través de la intuición). El análisis de la tercera tendencia determina la **forma de toma de decisiones** dominante (según la razón o el corazón). El análisis de la cuarta tendencia determina, sin embargo, el **estilo de vida** dominante (organizado o espontáneo). La combinación de todas estas tendencias naturales da como resultado **16 posibles tipos de personalidad**.

La característica especial de la tipología ID16™© es su dimensión práctica. Esta describe los diferentes tipos de personalidad según se comportan en la acción: en el trabajo, en la vida diaria y en las relaciones con otras personas. No se concentra en la dinámica interna de la personalidad, ni tampoco intenta aclarar teóricamente procesos interiores e invisibles. Más bien se concentra en cómo un determinado tipo de personalidad se manifiesta al exterior y de qué forma influye sobre el entorno. Este acento en el aspecto social de la personalidad aproxima de cierto modo la tipología ID16™© a la tipología de Aušra Augustinavičiūtė anteriormente mencionada.

Cada uno de los 16 tipos de personalidad ID16™© es la resultante de las tendencias naturales de la persona. La inclusión en un determinado tipo no tiene, sin embargo, características evaluativas. Ningún tipo de personalidad es mejor o peor que los otros. Cada uno de los tipos es simplemente diferente y cada uno tiene sus puntos potencialmente fuertes y débiles. ID16™© permite identificar y describir estas diferencias. Ayuda a comprenderse a uno mismo y a descubrir nuestro lugar en el mundo.

Conocer el perfil propio de personalidad permite a las personas aprovechar en su totalidad su potencial y trabajar en las áreas que pueden causarles problemas. Este conocimiento constituye una ayuda inestimable en la vida diaria, en la solución de problemas, en la creación de relaciones sanas con otras personas y en la toma de decisiones acerca de la educación y la carrera profesional.

La determinación del tipo de personalidad no es un proceso de carácter arbitrario y mecánico. Cada persona, como «propietario y usuario de su personalidad» es plenamente competente para determinar a qué tipo pertenece. Su papel en este proceso es, por lo tanto, crucial. Esta autoidentificación puede realizarse analizando las descripciones de los 16 tipos de personalidad y estrechando gradualmente el campo de elección. Sin embargo, se puede elegir un camino más corto: utilizar el test de personalidad ID16™©. También en este caso, el «usuario de la personalidad» tiene un papel primordial, ya que el resultado del test depende exclusivamente de las respuestas del usuario.

La identificación del tipo de personalidad ayuda a conocerse a uno mismo y a los demás; no obstante, no debería ser tratada como una profecía que predestina el futuro. El tipo de personalidad nunca puede justificar nuestras debilidades o nuestras malas relaciones con otras personas (¡aunque puede ayudar a comprender sus motivos!).

En el marco de ID16™© el tipo de personalidad no es tratado como un estado estático, genéticamente determinado, sino como la resultante de características innatas y adquiridas. Este enfoque no quita importancia al libre albedrío, ni tampoco pretende clasificar a las personas. Abre ante nosotros nuevas perspectivas que nos animan a trabajar sobre nosotros mismos, ya su vez estas perspectivas nos muestran las áreas en las que este trabajo es más necesario.

Mentor (INFJ)

TIPOLOGÍA DE PERSONALIDAD
ID16™©

La personalidad a grandes rasgos

Lema vital: *¡El mundo puede ser mejor!*

Creativo, sensible, adelantado a su tiempo, capaz de ver las posibilidades que los demás no ven. Idealista y visionario orientado a la ayuda a las personas. Concienzudo, responsable y al mismo tiempo amable, solícito y amistoso. Se esfuerza por entender los mecanismos que rigen el mundo y trata de ver los problemas desde una perspectiva más amplia.

Excelente oyente y observador. Se caracteriza por una extraordinaria empatía, por su intuición y la confianza en las personas. Es capaz de interpretar los sentimientos y las emociones. Soporta mal la crítica y las situaciones de conflicto. Puede parecer enigmático.

Tendencias naturales del *mentor*:

- Fuente de energía vital: mundo interior.
- Asimilación de información: intuición.
- Toma de decisiones: corazón.
- Estilo de vida: organizado.

Tipos de personalidad similares:

- *Idealista*
- *Consejero*
- *Entusiasta*

Datos estadísticos:

- Los *mentores* constituyen aproximadamente el 1% de la población y son el tipo de personalidad menos frecuente.
- Entre los *mentores* predominan claramente las mujeres (80%).
- El país que se corresponde con el perfil de *mentor* es Noruega[1].

Código literal:

El código literal universal del *mentor* en las tipologías de personalidad de Jung es INFJ.

---

[1] Esto no quiere decir que todos los habitantes de Noruega pertenezcan a este tipo de personalidad, sino que la sociedad noruega, en su conjunto, tiene muchas características del *mentor*.

Características generales

Los *mentores*, a pesar de ser el tipo de personalidad menos frecuente, tienen una enorme influencia sobre el destino de otras personas, e incluso del mundo. Perciben cosas que no son evidentes para los demás: ven relaciones entre diversos acontecimientos concretos y saben descubrir las pautas que hay en los comportamientos humanos. Cuando trabajan en la resolución de algún problema, analizan la situación desde diferentes puntos de vista y perspectivas. Normalmente son capaces de prever el desarrollo potencial de los acontecimientos y perciben las oportunidades potenciales y riesgos relacionados con una determinada situación.

También son conscientes de la existencia de otro mundo, que solo puede ser percibido a través de la intuición o gracias a la fe. La dimensión espiritual de la vida es para ellos, a menudo, más importante que la material, la realidad percibida a través de los sentidos.

Brújula interior

Son idealistas por naturaleza. Normalmente se caracterizan por su muy elevado estándar moral y su comportamiento ético. A menudo, reflexionan sobre cómo deberían aprovechar su potencial vital. Desean perfeccionarse y ayudar a otras personas a encontrar su lugar en el mundo. Creen que ayudar a los demás y defender a los más débiles y a los que no son capaces de cuidar por sí mismos de sus intereses es una obligación obvia de cada persona. Desean perfeccionar el mundo, solucionar sus problemas, y ayudar a la gente a crecer o desarrollarse. Creen que si todos intentaran comprender a los demás, la vida sería más fácil y el mundo mucho mejor. Se involucran en tareas para solucionar un problema existente que debe ser resuelto, pero no lo hacen para ser reconocidos ni por los honores. Son visionarios y al mismo tiempo activistas: no se limitan a las ideas, sino que intentan ponerlas en práctica.

Se sienten como si siempre estuvieran de servicio; en cualquier momento están dispuestos a ponerse manos a la obra para defender a los que se encuentran en un aprieto. Normalmente, su vida se guía por un objetivo claro: tienen una muy fuerte convicción acerca de lo que es importante y lo que debe hacerse. A la hora de realizar sus visiones pocas cosas son capaces de detenerlos.

A menudo hacen referencia a diferentes teorías o ideas. Les atrae el mundo espiritual. Les gusta el mensaje de los símbolos y las metáforas. Muchos comportamientos y costumbres generalmente aceptados les parecen completamente absurdos. Les cuesta entender que los demás no vean esto.

Percepción

Los *mentores* desean comprender mejor el mundo y reflexionan sobre el sentido de la vida. Les absorben las cuestiones de naturaleza filosófica y/o religiosa. Son unos atentos observadores. Intentan «adaptar» cualquier nueva información y nuevos datos que les llegan, a la imagen del mundo que tienen en su interior. Si alguna información concreta no se ajusta a la imagen del mundo, admiten que esta puede requerir una transformación.

Este proceso interior e invisible para los demás se produce en ellos durante toda su vida. Su mente siempre trabaja a altas revoluciones y analiza escrupulosamente los nuevos datos. En el mundo actual, en el que las personas son bombardeadas con una cantidad cada vez mayor de información, los *mentores* suelen estar sobrecargados. A menudo, intentan arreglárselas con tanta acumulación de información y de datos, tratando de lograr algún tipo de simplificación: ignoran ciertos datos similares a aquellos que ya asimilaron en algún momento.

A los ojos de los demás

Los demás los ven como personas amigables, cálidas y simpáticas. Despiertan un respeto general por su sabiduría y su enfoque creativo ante los problemas. Sin embargo, es difícil conocerlos a fondo y penetrar en su interior, porque son personas con una personalidad compleja y una poderosa intuición. Pueden parecer misteriosos y enigmáticos. Tienen un mundo propio que protegen de los demás. Solo dejan entrar en él a los más próximos. ¡Sin embargo, son capaces de sorprenderlos incluso a sus allegados! Aún más, algunos aspectos de su personalidad constituyen un misterio incluso para ellos mismos.

Más de una vez los *mentores* se hacen a un lado, ya que necesitan soledad y silencio para regenerar sus fuerzas. Sin embargo, no mantienen a las personas a distancia. Todo lo contrario, les muestran cariño y un interés sincero. Rodean con un especial cuidado a los más próximos. Siempre se esfuerzan para no herir ni perjudicar a nadie.

Comunicación

Normalmente se valen perfectamente de la palabra hablada y escrita. Son capaces de expresar de forma comprensible sus pensamientos, y se comunican perfectamente con los demás. A menudo, tienen aversión a las apariciones en público. Sin embargo, si tienen que hablar lo hacen bastante bien. Son también unos excelentes oyentes y observadores. No solo interpretan las palabras, sino también los gestos y los sentimientos de los demás. Normalmente son capaces de dominar la lengua. Son conscientes del gran poder que tienen las palabras. Pueden guardar silencio si consideran que así será mejor.

Los *mentores* son generosos con los elogios, y a ellos mismos también les gustan los cumplidos de parte de los demás. Sin embargo, soportan mal la crítica y a menudo la reciben como un ataque personal. También les irritan la burocracia y el formalismo excesivos, pero tampoco les gusta el trato demasiado familiar (por ejemplo, tocarse y dar palmadas durante una conversación).

Pensamientos

A menudo, reflexionan acerca del objetivo de su vida y acerca de cómo les gustaría realizarlo. Revisan las prioridades anteriores y las formulan nuevamente. A menudo sienten una inquietud interior. Tienen muchas ideas y nunca son capaces de realizarlas todas. No pocas veces se culpan de no haber aprovechado totalmente sus posibilidades, o de no haber hecho más por los demás.

Son capaces de prever las futuras oportunidades y amenazas. El presente no es para ellos el objetivo, sino el punto de partida. Normalmente miran hacia el futuro, sin percibir sus logros anteriores. A menudo ni siquiera son conscientes de lo mucho que han hecho. Siempre ven en el horizonte nuevas necesidades y tareas.

Decisiones

Cuando deben tomar alguna decisión, necesitan tiempo para sopesar tranquilamente (preferiblemente a solas) las posibles soluciones. Sus ideas suelen no ser convencionales. No les gustan los conflictos, pero no evitan la confrontación, sobre todo si consideran que eso puede aportar un resultado positivo.

Valoran mucho el orden. Les cuesta funcionar en un entorno en el que reine el caos. Antes de empezar algo dedican bastante energía y tiempo a recopilar la información necesaria y a establecer la mejor forma de actuación. Normalmente se guían por la intuición y confían en sus presentimientos. A veces, esto los lleva a minusvalorar las opiniones de otras personas o a obstinarse en sus ideas.

Ante situaciones de estrés

Los *mentores* son susceptibles al estrés. A menudo sienten una tensión interior y no son capaces de relajarse. Esto puede provocar problemas somáticos (por ejemplo, hipertensión). Cuando logran alejarse de las obligaciones, prefieren descansar tranquilamente, lejos del bullicio y en compañía de los más cercanos.

Aspecto social de la personalidad

Los *mentores* son personas con una personalidad profunda y compleja, y al mismo tiempo personas amistosas y que muestran cariño a los demás. No les gustan las formas ni los gestos corteses. Tampoco les satisfacen las relaciones superficiales. No son capaces de entablar amistad con personas que actúan en contra de sus propias convicciones o intentan aparentar ser quienes no son.

A menudo, tienen capacidades de liderazgo, aunque no son el tipo de líder-showman. No exponen su persona y no buscan el reconocimiento. Sin embargo, son capaces de ejercer una extraordinaria influencia sobre otras personas. Son unos excelentes mentores (de ahí el nombre de este tipo de personalidad). Los encuentros y las conversaciones con ellos suponen para los demás una inspiración y una motivación para actuar. Hacen que las personas empiecen a mirar el mundo y su propia situación de otra forma.

Los *mentores* se interesan sinceramente por los problemas de los demás y saben escuchar. También tienen una extraordinaria intuición. Debido a estas características, son unos excelentes asesores y terapeutas. Sus relaciones con las personas son muy directas y personales. No se dejan engañar por las apariencias: son capaces de interpretar los verdaderos sentimientos y emociones de los demás (incluso los inconscientes).

Entre amigos

Los *mentores* desean tener relaciones profundas y naturales, y su entrega es total e ilimitada (a veces, incluso excesivamente confiada). Valoran mucho la sinceridad y la autenticidad. Su habilidad para dominar las emociones y su necesidad de soledad hacen que sean vistos a veces por los desconocidos como distantes con el entorno (de forma totalmente errónea). En realidad, les gustan mucho las personas y quieren tener unas buenas relaciones con ellas. Son unos amigos fieles y consideran que la verdadera amistad hace la vida mejor. A la hora de cuidar y perfeccionar las relaciones, están dispuestos a dedicar mucho esfuerzo y energía.

Aunque no buscan la popularidad, suelen ser generalmente queridos. Las personas valoran su actitud amistosa, su sinceridad, su enfoque creativo ante las tareas y el hecho de que ayudan a los demás a percibir y aprovechar su propio potencial. Los propios *mentores* se sienten a gusto entre personas que los comprenden, aceptan y respetan por ser quienes son.

Entre los amigos de los *mentores* se pueden encontrar a personas que representan prácticamente todos los tipos de personalidad. Sin embargo, hacen amistad más frecuentemente con *idealistas*, *consejeros*, *protectores* y otros *mentores*. Menos frecuentemente, con *animadores*, *pragmáticos* y *administradores*. Normalmente no tienen muchos amigos, aunque las relaciones con las personas próximas son profundas y muy duraderas.

En el matrimonio

Como maridos/esposas los *mentores* son unas parejas muy solícitas. Su sentimiento es profundo y a menudo tratan su relación como algo místico y espiritual. Desean una total unión de las mentes y los corazones que permita compartir los sentimientos más profundos, experiencias, sueños y visiones.

Muestran amor y a ellos mismos también les gustan los gestos cariñosos y las muestras de afecto. Desean que sus relaciones sean perfectas. Esta actitud hace que se entreguen a sus maridos / esposas y que estén dispuestos a trabajar para cuidar la relación. Sin embargo, este esfuerzo, llevado al extremo, suele ser fatigoso y frustrante para sus parejas (que pueden tener miedo de no poder satisfacer sus elevadas exigencias). También suele ocurrir que los *mentores* buscan la perfección fuera de la relación.

Los candidatos naturales a maridos/esposas de los *mentores* son personas de tipos de personalidad afines: *idealistas, consejeros* o *entusiastas*. En estos matrimonios es más fácil crear una comprensión mutua y unas relaciones armoniosas. Sin embargo, la experiencia muestra que las personas pueden crear relaciones exitosas y felices, también a pesar de una evidente disconformidad tipológica. Aún más, ciertas diferencias entre los cónyuges pueden aportar dinámica a estas relaciones y ayudar al desarrollo personal.

Como padres

Para los *mentores* el papel de padres es algo absolutamente natural. Tratan esto muy seriamente. Son entregados a sus hijos y están dispuestos a cualquier sacrificio. Les muestran mucho cariño y una tierna solicitud. Son unos padres que aman a sus hijos y normalmente tienen unas relaciones profundas y próximas con ellos. Les explican y les ponen en orden el mundo. Desean educarlos como personas adultas e independientes, que sean capaces de pensar por sí mismos, de tener sus propias opiniones, de diferenciar el bien del mal y de tomar las decisiones adecuadas. Hacen esto permitiendo a los hijos participar en la toma de diversas decisiones. Les motivan a estudiar y les animan a aprovechar sus talentos y sus dones. Sin embargo, tienen para con ellos unas exigencias muy elevadas y pueden llegar a ser severos.

Los hijos tienen una enorme confianza en los padres *mentores*, por esa razón buscan ayuda en ellos cuando tienen problemas. A veces, les reprochan tanta exigencia, porque se ven obligados a poner de su parte más que otros niños de su edad, aunque más tarde, en su vida adulta, les agradecen el hecho de haberles exigido tanto. También los aprecian porque les enseñaron a vivir bien y les animaron a aprovechar sus talentos y a realizar sus pasiones.

Trabajo y carrera profesional

Cuando encuentran el sentido de sus actividades, los *mentores* son capaces de trabajar duro y están dispuestos a sacrificarse. Intentan realizar todas las tareas al más alto nivel. Les gusta trabajar tanto en solitario como en un grupo pequeño.

No les gustan las multitudes ni las relaciones superficiales entre las personas.

En equipo

Huyen de los conflictos, las confrontaciones y los antagonismos. Consideran que una colaboración armoniosa y un ambiente amigable son la mejor garantía de éxito. Los superiores que proceden conforme a sus ideales, que son unos líderes fuertes y apoyan al mismo tiempo a sus subordinados les caen muy bien.

Aportan a los equipos un ambiente cordial. A menudo, son los que ayudan a los demás a mirar los problemas desde una perspectiva más amplia y a conseguir el consenso.

Objetivos

Les gusta ayudar a las personas a solucionar problemas. Los incitan a hacer las preguntas adecuadas y buscar respuestas. La conciencia de ser útiles les supone una enorme satisfacción. Se marcan objetivos ambiciosos. Creen que pueden influir sobre el destino de su país y del mundo. A muchas personas unos objetivos formulados de esta forma podrían parecerles grandilocuentes o irreales, pero los *mentores* los tratan de forma muy seria.

Empresas

Se encuentran a gusto en empresas o instituciones cuya actividad tiene como objetivo igualar las oportunidades, apoyar a las comunidades locales o ayudar a las personas que no pueden con sus problemas. A menudo, se sienten realizados en la actividad social, como consejeros o en la enseñanza. También son buenos como escritores y autores de textos, además de como religiosos o sacerdotes.

A menudo, generan diferentes soluciones, por ejemplo relativas a la vida social. Ocupan puestos que requieren creatividad y que proporcionan cierta autonomía.

Tareas

Prefieren las tareas gracias a las cuales pueden ayudar a las personas y cambiar el mundo a mejor. Sin embargo, se sienten fuera de lugar cuando deben realizar trabajos administrativos, que requieran minuciosidad, análisis de documentos o procesamiento de datos. Tampoco son capaces de funcionar en una situación de conflicto de intereses, ni pueden realizar un trabajo contrario a su visión del mundo.

Profesiones

El conocimiento del perfil de personalidad propio y de las preferencias naturales es una ayuda inestimable a la hora de elegir la carrera profesional más conveniente. La experiencia muestra que los *mentores* pueden trabajar con éxito y sentirse realizados en diferentes campos, aunque su tipo de personalidad los predispone de forma natural para profesiones tales como:

- artista,
- asistente social,
- bibliotecario,
- científico,
- cineasta,
- coach,
- consejero,
- consultor,
- coordinador de proyecto,
- dietista,
- diseñador,
- escritor,
- especialista en relaciones laborales,
- fisioterapeuta,
- fisioterapeuta,
- fotógrafo,
- mediador,
- médico,
- músico,
- pedagogo,
- periodista,
- productor televisivo,
- profesor,
- psicólogo,
- redactor,
- sacerdote o religioso,
- sanitario,
- sociólogo,

- terapeuta,
- tutor legal.

Potenciales puntos fuertes y débiles

Los *mentores*, al igual que otros tipos de personalidad, tienen potenciales puntos fuertes y débiles. Este potencial puede ser gestionado de diferentes formas. La felicidad personal y la realización profesional de los *mentores* dependen de si aprovechan las oportunidades relacionadas con su tipo de personalidad y de si hacen frente a las amenazas que les acechan. He aquí un RESUMEN de estas oportunidades y amenazas:

Puntos fuertes potenciales

Los *mentores* perciben cosas que no son evidentes para los demás: ven relaciones entre diversos acontecimientos concretos y saben descubrir las pautas que hay en los comportamientos humanos. Cuando trabajan en la resolución de algún problema analizan la situación desde puntos de vista y perspectivas diferentes; son capaces de pensar a largo plazo y percibir los peligros y posibilidades potenciales. Sus ideas son muy creativas y no son convencionales. Comprenden las teorías complejas y los conceptos abstractos.

Se interesan sinceramente por los demás y sus problemas. Son sensibles a sus necesidades y sentimientos. Se caracterizan por una extraordinaria intuición y empatía, así como por una cordialidad natural. Son unos excelentes observadores y buenos oyentes. Son capaces de interpretar los sentimientos y emociones humanos. Inspiran a los demás a encontrar y aprovechar su propio potencial. Les motivan a asumir la responsabilidad por su vida.

Sus relaciones con las personas son naturales, sinceras y profundas. Los *mentores* son capaces de penetrar bajo la superficie y percibir la esencia de los problemas. Son muy concienzudos y entregados: tratan seriamente todas las tareas de las que se encargan. No son capaces de realizarlas conscientemente por debajo de sus posibilidades. Tienen unas exigencias muy elevadas para con ellos mismos y los demás; desean que todos aprovechen plenamente sus posibilidades y talentos. Se valen perfectamente de la palabra hablada y escrita. Expresan de manera clara sus pensamientos. Aspiran a la perfección. Cuando ven el sentido de su trabajo son capaces de concentrarse en la tarea o el problema y están dispuestos a realizar sacrificios. No tienen en cuenta los obstáculos, y es difícil desanimarlos.

Puntos débiles potenciales

El idealismo de los *mentores* hace que tengan, a menudo, problemas para funcionar en el mundo real. Suelen ser poco concretos (al hablar de algún problema, se apartan del tema y van a soluciones más generales). Tienen dificultades con las acciones diarias y rutinarias y también tienen tendencia a olvidar los detalles.

Sus exigencias para con los demás suelen ser irreales: no tienen en cuenta sus limitaciones naturales. A menudo dan la impresión de ser personas a las que es imposible satisfacer. Normalmente suponen que tienen razón, a menudo sin ni siquiera explicar a los demás en qué basan esa convicción. Tienen tendencia a rechazar de antemano las opiniones de otras personas. Su percepción de la realidad, «a varios niveles», hace que a menudo reflexionen sobre la razón del camino escogido y las decisiones tomadas. En situaciones que requieren improvisación o decisiones rápidas, a menudo se ponen nerviosos.

No les resulta fácil compartir sus propios problemas ni aprovechar la ayuda de los demás. Tampoco se les dan bien las situaciones de conflicto y soportan muy mal las críticas: a menudo, las reciben como un ataque personal. Soportan mal el estrés, el cual les provoca un estado de tensión interior y (a menudo) síntomas somáticos. También les quita la confianza en sus propias posibilidades y hace que a veces recurran a sustancias estimulantes.

Los *mentores* son muy sensibles y es fácil hacerles daño. También suelen tener problemas a la hora de pedir perdón y pueden guardar rencor durante mucho tiempo.

Desarrollo personal

El desarrollo personal de los *mentores* depende del grado en que utilizan su potencial natural y se sobreponen a los riesgos relacionados con su tipo de personalidad. Los siguientes consejos prácticos constituyen un decálogo característico del *mentor*.

Habla de tus ideas con las personas

No todos saben cómo llegaste hasta ellas, así que no supongas que es algo evidente. Debatir sobre tus ideas con los familiares o compañeros de trabajo mejorará mucho el ambiente y las relaciones, y además te ayudará a verlas desde una nueva perspectiva.

No tengas miedo a las críticas

No temas expresar tus opiniones críticas ni aceptar las críticas de otros. La crítica puede ser constructiva, y no tiene por qué significar un ataque a las personas o un socavamiento de sus valores.

Sé más práctico

Tienes una tendencia natural a las propuestas idealistas, que pueden estar alejadas de la vida. Piensa en sus aspectos prácticos: en cómo realizarlas en el mundo real e imperfecto en el que vivimos.

No rechaces las ideas y opiniones de otras personas

Escucha con atención lo que tienen que decir. Intenta también comprender sus ideas antes de rechazarlas o considerar que ya las has oído. No supongas que nadie conoce un determinado tema tan bien como tú.

No temas los conflictos

Incluso en el círculo de las personas más próximas, a veces se producen conflictos. Sin embargo, no tienen por qué ser necesariamente destructivos: ¡suelen ayudar a identificar y solucionar problemas! En las situaciones de conflicto no escondas la cabeza bajo la arena, sino que expresa abiertamente tu punto de vista y tus impresiones relacionadas con una determinada situación.

No culpes a los demás de tus problemas

Reflexiona bien acerca de su origen. Las faltas y los errores no solo los cometen los demás. Tú también puedes ser la causa de un problema.

No veas escenarios negros

No te concentres en las amenazas y los peligros. El temor a ellos puede paralizarte. Harás más concentrándote en el lado bueno de la vida e intentando aprovechar su potencial.

Sé más tolerante

Muestra más paciencia ante las faltas y errores de otras personas. Recuerda que no se puede delegar la misma tarea a todo el mundo y que no todos están capacitados en las mismas áreas. Las faltas de los demás no siempre son un síntoma de mala voluntad o pereza.

Descansa

Intenta alejarte a veces de las obligaciones y procura hacer algo por puro placer, relax, diversión... Esto te permitirá conseguir una mejor perspectiva y volver a tus tareas con la mente fresca.

Reconoce que puedes equivocarte

Nadie es infalible. Los demás pueden tener toda o parte de la razón, mientras que tú puedes estar equivocado en parte o totalmente. Acepta esto y aprende a reconocer los errores.

Personas conocidas

La lista de personas conocidas que se corresponden con el perfil de *mentor* incluye, entre otros, los siguientes nombres:

- **Johann Wolfgang von Goethe** (1749 - 1832), el más eminente poeta alemán del periodo del clasicismo (entre otras obras, *El rey de los elfos*), dramaturgo (entre otras obras, *Fausto*), prosista (entre otras obras, *Los sufrimientos del joven Werther*), erudito y político;

- **Nathaniel Hawthorne** (1804 - 1864), uno de los más eminentes novelistas estadounidenses (entre otras obras, *La letra escarlata*) y autor de novelas cortas; representante del romanticismo y de la filosofía del transcendentalismo;

- **Emily Jane Brontë** (1818 - 1848), escritor inglesa (*Cumbres borrascosas*) y poetisa;

- **Fanny Crosby,** realmente Frances Jane Crosby (1820 - 1915), invidente, autora de canciones cristianas estadounidense (más de 8000 obras), activista metodista, durante su vida una de las mujeres más conocidas en los Estados Unidos;

- **Mary Baker Eddy** (1821 - 1910), mística y científica estadounidense, fundadora de la Asociación de la Ciencia Cristiana;

- **Mahatma Ghandi**, realmente Mohandas Karamchand Gandhi (1869 - 1948), uno de los creadores del estado indio contemporáneo, partidario de la resistencia pasiva como medio para la lucha política;

- **Nelson Mandela** (n. 1918 - 2013), activista a favor de la abolición de la segregación racial en la República de Sudáfrica y posteriormente presidente

del país, ganador del Premio Nobel de la
paz;

- **Jimmy Carter**, realmente James Earl
Carter (n. 1924), trigésimo noveno
presidente de los Estados Unidos,
activista internacional a favor de los
derechos humanos, ganador del Premio
Nobel de la paz;
- **Martin Luther King, Junior** (1929 -
1968), pastor bautista estadounidense,
activista a favor de la abolición de la
discriminación racial, ganador del
Premio Nobel de la paz;
- **Piers Anthony**, realmente Piers
Anthony Dillingham Jacob (n. 1934),
escritor estadounidense de ciencia
ficción y fantasía (entre otras obras,
Xanth);
- **Michael Landon,** realmente Eugene
Maurice Orowitz (1936 - 1991), actor,
productor y director de cine
estadounidense (entre otras series,
Autopista hacia el cielo);
- **Billy Crystal** (n. 1948), actor americano
(entre otras películas, *Una terapia
peligrosa*), director y guionista;
- **Mel Gibson**, realmente Mel Columcille
Gerard Gibson (n. 1956), actor
estadounidense (entre otras películas,
Arma letal), director y productor de cine
(entre otras películas, *La pasión de Cristo*);

- **Nicole Kidman** (n. 1967), actriz de cine estadounidense-australiana (entre otras películas, *Cold Mountain*), cantante.

16 tipos de personalidad de forma breve

Administrador (ESTJ)

Lema vital: *¡Hagamos esa tarea!*

Trabajador, responsable y extraordinariamente leal. Enérgico y decidido. Valora el orden, la estabilidad, la seguridad y las reglas claras. Objetivo y concreto. Lógico, racional y práctico. Es capaz de asimilar una gran cantidad de información detallada.

Organizador perfecto. No tolera la ineficiencia, el despilfarro ni la pereza. Fiel a sus convicciones y directo en los contactos. Presenta sus puntos de vista de forma decidida y expresa abiertamente opiniones críticas, por lo que en ocasiones hiere inconscientemente a otras personas.

Tendencias naturales del *administrador*:

- Fuente de energía vital: mundo exterior.
- Asimilación de información: sentidos.
- Toma de decisiones: razón.
- Estilo de vida: organizado.

Tipos de personalidad similares:

- *Animador*
- *Inspector*
- *Pragmático*

Datos estadísticos:

- Los *administradores* constituyen el 10-13% de la sociedad.
- Entre los *administradores* predominan los hombres (60%).
- Un país que se corresponde con el perfil del *administrador* son los Estados Unidos[2].

Código literal:

El código literal universal del *administrador* en las tipologías de personalidad de Jung es ESTJ.

---

[2] Esto no quiere decir que todos los habitantes de los EE. UU. pertenezcan a este tipo de personalidad, sino que la sociedad estadounidense, en su conjunto, tiene muchas características del *administrador*.

Más:

Jarosław Jankowski
Tu tipo de personalidad: Administrador (ESTJ)

Animador (ESTP)

Lema vital: *¡Hagamos algo!*

Enérgico, activo y emprendedor. Le gusta la compañía de otros y sabe pasárselo bien y disfrutar del momento presente. Es espontáneo, flexible y suele estar abierto a los cambios.

Es entusiasta inspirador e iniciador, suele motivar a los demás a actuar. Lógico, racional y extraordinariamente pragmático. Realista. Le aburren las ideas abstractas y las reflexiones sobre el futuro. Procura solucionar los problemas concretos e inmediatos que se le presentan, pero a menudo también tiene dificultades con la organización y la planificación. Suele ser impulsivo. Suele ocurrir que primero actúa y luego piensa.

Tendencias naturales del *animador*:

- Fuente de energía vital: mundo exterior.
- Asimilación de información: sentidos.
- Toma de decisiones: razón.
- Estilo de vida: espontáneo.

Tipos de personalidad similares:

- *Administrador*
- *Pragmático*
- *Inspector*

Datos estadísticos:

- Los *animadores* constituyen el 6-10% de la sociedad.
- Entre los *animadores* predominan los hombres (60%).
- El país que se corresponde con el perfil de *animador* es Australia.

Código literal:

El código literal universal del *animador* en las tipologías de personalidad de Jung es ESTP.

Más:

Jarosław Jankowski
Tu tipo de personalidad: Animador (ESTP)

Artista (ISFP)

Lema vital: *¡Creemos algo!*

Sensible, creativo y original. Tiene un gran sentido de la estética y capacidades artísticas naturales. Independiente, se guía por su propia escala de valores y no cede ante la presión. Optimista y con una actitud positiva hacia la vida; es capaz de disfrutar del momento.

Disfruta ayudando a los demás. Le aburren las teorías abstractas; prefiere crear la realidad que hablar de ella. Sin embargo, le resulta más fácil empezar cosas nuevas que acabar las empezadas antes. Suele tener dificultades para expresar sus propios deseos y necesidades.

Tendencias naturales del *artista*:

- Fuente de energía vital: mundo interior.
- Asimilación de información: sentidos.
- Toma de decisiones: corazón.
- Estilo de vida: espontáneo.

Tipos de personalidad similares:

- *Protector*
- *Presentador*
- *Defensor*

Datos estadísticos:

- Los *artistas* constituyen el 6-9% de la población.
- Entre los *artistas* predominan las mujeres (60%).
- El país que se corresponde con el perfil de *artista* es China.

Código literal:

El código literal universal del *artista* en las tipologías de personalidad de Jung es ISFP.

Más:

Jarosław Jankowski
Tu tipo de personalidad: Artista (ISFP)

Consejero (ENFJ)

Lema vital: *Mis amigos son mi mundo.*

Optimista, entusiasta y gracioso. Amable, sabe actuar con tacto. Tiene el extraordinario don de la empatía y disfruta actuando de forma desinteresada a favor de los demás. Es capaz de influir en sus vidas: inspira, descubre en ellos el potencial oculto que tienen y suscita confianza en sus propias fuerzas. Irradia ternura y atrae a las demás personas. A menudo las ayuda a resolver sus problemas personales.

Suele ser crédulo, aunque un poco ingenuo, y tiene tendencia a ver el mundo de color de rosa. Concentrado en los demás, a menudo se olvida de sus propias necesidades.

Tendencias naturales del *consejero*:

- Fuente de energía vital: mundo exterior.
- Asimilación de información: intuición.
- Toma de decisiones: corazón.
- Estilo de vida: organizado.

Tipos de personalidad similares:

- *Entusiasta*
- *Mentor*
- *Idealista*

Datos estadísticos:

- Los *consejeros* constituyen el 3-5% de la población.
- Entre los *consejeros* predominan claramente las mujeres (80%).
- El país que se corresponde con el perfil de *consejero* es Francia.

Código literal:

El código literal universal del *consejero* en las tipologías de personalidad de Jung es ENFJ.

Más:

Jarosław Jankowski
Tu tipo de personalidad: Consejero (ENFJ)

Defensor (ESFJ)

Lema vital: *¿Cómo puedo ayudarte?*

Entusiasta, enérgico y bien organizado. Práctico, responsable, concienzudo. Cordial y extraordinariamente sociable.

Percibe los sentimientos humanos, las emociones y necesidades. Valora la armonía. Soporta mal la crítica y los conflictos. Es sensible a todas las manifestaciones de injusticia y protesta cuando ve que lastiman a otras personas. Se interesa sinceramente por los problemas de los demás y siente una verdadera alegría al ayudarlos. Al velar por sus necesidades a menudo desatiende las suyas propias. Tiene tendencia a hacer por los demás cosas que ellos mismos deberían hacer. Suele ser susceptible a la manipulación.

Tendencias naturales del *defensor*:

- Fuente de energía vital: mundo exterior.
- Asimilación de información: sentidos.
- Toma de decisiones: corazón.
- Estilo de vida: organizado.

Tipos de personalidad similares:

- Presentador
- Protector
- Artista

Datos estadísticos:

- Los *defensores* constituyen el 10-13% de la población.
- Entre los *defensores* predominan claramente las mujeres (70%).
- El país que se corresponde con el perfil de *defensor* es Canadá.

Código literal:

El código literal universal del *defensor* en las tipologías de personalidad de Jung es ESFJ.

Más:

Jarosław Jankowski
Tu tipo de personalidad: Defensor (ESFJ)

Director (ENTJ)

Lema vital: *Os diré lo que hay que hacer.*

Independiente, activo y decidido. Racional, lógico y creativo. Percibe un contexto más amplio de los problemas analizados y es capaz de prever las futuras consecuencias de las acciones humanas. Se caracteriza por el optimismo y un sensato sentido de su propio valor. Es capaz de transformar conceptos teóricos en planes de actuación concretos y prácticos.

Visionario, mentor y organizador. Tiene unas capacidades de liderazgo innatas. Su fuerte personalidad, su criticismo y su estilo directo a menudo intimidan a los demás y provocan problemas en sus relaciones interpersonales.

Tendencias naturales del *director*:

- Fuente de energía vital: mundo exterior.
- Asimilación de información: intuición.
- Toma de decisiones: razón.
- Estilo de vida: organizado.

Tipos de personalidad similares:

- *Innovador*
- *Estratega*
- *Lógico*

Datos estadísticos:

- Los *directores* constituyen el 2-5% de la población.

- Entre los *directores* predominan claramente los hombres (70%).
- El país que se corresponde con el perfil de *director* es Holanda.

Código literal:

El código literal universal del *director* en las tipologías de personalidad de Jung es ENTJ.

Más:

Jarosław Jankowski
Tu tipo de personalidad: Director (ENTJ)

Entusiasta (ENFP)

Lema vital: *¡Podemos hacerlo!*

Enérgico, entusiasta y optimista. Es capaz de disfrutar de la vida y piensa a largo plazo. Dinámico, ingenioso y creativo. Le gustan las personas y aprecia las relaciones sinceras y auténticas. Cálido, cordial y emocional. Soporta mal la crítica. Tiene el don de la empatía y percibe las necesidades, los sentimientos y los motivos de los demás. Los inspira y los contagia con su entusiasmo.

Le gusta estar en el centro de los acontecimientos. Es flexible y capaz de improvisar. Es propenso a tener ocurrencias idealistas. Se distrae con facilidad y tiene problemas para llevar los asuntos hasta el final.

Tendencias naturales del *entusiasta*:

- Fuente de energía vital: mundo exterior.
- Asimilación de información: intuición.
- Toma de decisiones: corazón.
- Estilo de vida: espontáneo.

Tipos de personalidad similares:

- *Consejero*
- *Idealista*
- *Mentor*

Datos estadísticos:

- Los *entusiastas* constituyen el 5-8% de la población.
- Entre los *entusiastas* predominan las mujeres (60%).
- El país que se corresponde con el perfil de *entusiasta* es Italia.

Código literal:

El código literal universal del *entusiasta* en las tipologías de personalidad de Jung es ENFP.

Más:

Jarosław Jankowski
Tu tipo de personalidad: Entusiasta (ENFP)

Estratega (INTJ)

Lema vital: *Esto puede perfeccionarse.*

Independiente, marcado individualismo, con una enorme cantidad de energía interna. Creativo e ingenioso. Visto por los demás como competente y seguro de sí mismo y, a la vez, como distante y enigmático. Mira cada asunto desde una perspectiva amplia. Desea perfeccionar y ordenar el mundo que le rodea.

Bien organizado, responsable, crítico y exigente. Es difícil sacarlo de sus casillas, pero también es difícil satisfacerlo totalmente. Por lo general, tiene problemas para interpretar los sentimientos y emociones de otras personas.

Tendencias naturales del *estratega*:

- Fuente de energía vital: mundo interior.
- Asimilación de información: intuición.
- Toma de decisiones: razón.
- Estilo de vida: organizado.

Tipos de personalidad similares:

- *Lógico*
- *Director*
- *Innovador*

Datos estadísticos:

- Los *estrategas* constituyen el 1-2% de la población.

- Entre los *estrategas* predominan claramente los hombres (80%).
- El país que se corresponde con el perfil de *estratega* es Finlandia.

Código literal:

El código literal universal del *estratega* en las tipologías de personalidad de Jung es INTJ.

Más:

Jarosław Jankowski
Tu tipo de personalidad: Estratega (INTJ)

Idealista (INFP)

Lema vital: *Se puede vivir de otra manera.*

Sensible, leal, creativo. Desea vivir según los valores que profesa. Muestra interés por la realidad espiritual y ahonda en los secretos de la vida. Suele conmoverse por los problemas del mundo y está abierto a las necesidades de otras personas. Valora la armonía y el equilibrio.

Romántico: es capaz de demostrar amor, pero él mismo también necesita cariño y afecto. Interpreta perfectamente los motivos y sentimientos de otras personas. Crea relaciones sanas, profundas y duraderas. En situaciones de conflicto lo pasa mal, no sabe qué hacer. No resiste el estrés y la crítica.

Tendencias naturales del *idealista*:

- Fuente de energía vital: mundo interior.
- Asimilación de información: intuición.
- Toma de decisiones: corazón.
- Estilo de vida: espontáneo.

Tipos de personalidad similares:

- *Mentor*
- *Entusiasta*
- *Consejero*

Datos estadísticos:

- Los *idealistas* constituyen el 1-4% de la población.
- Entre los *idealistas* predominan las mujeres (60%).
- El país que se corresponde con el perfil de *idealista* es Tailandia.

Código literal:

El código literal universal del *idealista* en las tipologías de personalidad de Jung es INFP.

Más:

Jarosław Jankowski
Tu tipo de personalidad: Idealista (INFP)

Innovador (ENTP)

Lema vital: *Y si probamos a hacerlo de otra forma...*

Ingenioso, original e independiente. Optimista. Enérgico y emprendedor. Persona de acción: le gusta estar en el centro de los acontecimientos y resolver «problemas irresolubles». Tiene curiosidad por el mundo, y es propenso al riesgo y suele ser impaciente. Visionario, abierto a nuevas ideas y ocurrencias. Le gustan las nuevas experiencias y los experimentos. Percibe las relaciones entre acontecimientos concretos y piensa a largo plazo.

Espontáneo, comunicativo y seguro de sí mismo. Propenso a sobrevalorar sus propias posibilidades. Tiene problemas para llevar los asuntos hasta el final.

Tendencias naturales del *innovador*:

- Fuente de energía vital: mundo exterior.
- Asimilación de información: intuición.
- Toma de decisiones: razón.
- Estilo de vida: espontáneo.

Tipos de personalidad similares:

- *Director*
- *Lógico*
- *Estratega*

Datos estadísticos:

- Los *innovadores* constituyen el 3-5% de la población.
- Entre los *innovadores* predominan claramente los hombres (70%).
- El país que se corresponde con el perfil de *innovador* es Israel.

Código literal:

El código literal universal del *innovador* en las tipologías de personalidad de Jung es ENTP.

Más:

Jarosław Jankowski
Tu tipo de personalidad: Innovador (ENTP)

Inspector (ISTJ)

Lema vital: *Primero las obligaciones.*

Una persona con la que siempre se puede contar. Educado, puntual, cumplidor, concienzudo, responsable: «persona de confianza». Analítico, metódico, sistemático y lógico. Los otros lo ven como reservado, frío y serio. Aprecia la tranquilidad, la estabilidad y el orden. No le gustan los cambios. En cambio, le gustan los principios claros y las reglas concretas.

Trabajador y perseverante, es capaz de llevar los asuntos hasta el final. Perfeccionista. Quiere controlarlo todo. Parco en elogios. No aprecia el valor de los sentimientos y las emociones de otras personas.

Tendencias naturales del *inspector*:

- Fuente de energía vital: mundo interior.
- Asimilación de información: sentidos.
- Toma de decisiones: razón.
- Estilo de vida: organizado.

Tipos de personalidad similares:

- *Pragmático*
- *Administrador*
- *Animador*

Datos estadísticos:

- Los *inspectores* constituyen el 6-10% de la población.
- Entre los *inspectores* predominan los hombres (60%).
- El país que se corresponde con el perfil de *inspector* es Suiza.

Código literal:

El código literal universal del *inspector* en las tipologías de personalidad de Jung es ISTJ.

Más:

Jarosław Jankowski
Tu tipo de personalidad: Inspector (ISTJ)

Lógico (INTP)

Lema vital: *Lo más importante es conocer la verdad acerca del mundo.*

Original, ingenioso y creativo. Le gusta resolver problemas de índole teórica. Analítico, brillante y con una actitud entusiasta hacia las nuevas ideas. Es capaz de relacionar fenómenos concretos y deducir de ellos principios generales y teorías. Lógico, preciso e indagador. Percibe rápidamente los síntomas de incoherencia e inconsecuencia.

Independiente y escéptico ante las soluciones y autoridades establecidas. Tolerante y abierto a los nuevos retos. Se suele quedar absorto en sus reflexiones, a veces pierde el contacto con el mundo exterior.

Tendencias naturales del *lógico*:

- Fuente de energía vital: mundo interior.
- Asimilación de información: intuición.
- Toma de decisiones: razón.
- Estilo de vida: espontáneo.

Tipos de personalidad similares:

- *Estratega*
- *Innovador*
- *Director*

Datos estadísticos:

- Los *lógicos* constituyen el 2-3% de la población.
- Entre los *lógicos* predominan claramente los hombres (80%).
- El país que se corresponde con el perfil de *lógico* es la India.

Código literal:

El código literal universal del *lógico* en las tipologías de personalidad de Jung es INTP.

Más:

Jarosław Jankowski
Tu tipo de personalidad: Lógico (INTP)

Mentor (INFJ)

Lema vital: *¡El mundo puede ser mejor!*

Creativo, sensible, adelantado a su tiempo, capaz de ver las posibilidades que los demás no ven. Idealista y visionario orientado a la ayuda a las personas. Concienzudo, responsable y al mismo tiempo amable, solícito y amistoso. Se esfuerza por entender los mecanismos que rigen el mundo y trata de ver los problemas desde una perspectiva más amplia.

Excelente oyente y observador. Se caracteriza por una extraordinaria empatía, por su intuición y la confianza en las personas. Es capaz de interpretar los sentimientos y las emociones.

Soporta mal la crítica y las situaciones de conflicto. Puede parecer enigmático.

Tendencias naturales del *mentor*:

- Fuente de energía vital: mundo interior.
- Asimilación de información: intuición.
- Toma de decisiones: corazón.
- Estilo de vida: organizado.

Tipos de personalidad similares:

- *Idealista*
- *Consejero*
- *Entusiasta*

Datos estadísticos:

- Los *mentores* constituyen aproximadamente el 1% de la población y son el tipo de personalidad menos frecuente.
- Entre los *mentores* predominan claramente las mujeres (80%).
- El país que se corresponde con el perfil de *mentor* es Noruega.

Código literal:

El código literal universal del *mentor* en las tipologías de personalidad de Jung es INFJ.

Más:

Jarosław Jankowski
Tu tipo de personalidad: Mentor (INFJ)

Pragmático (ISTP)

Lema vital: *Los actos son más importantes que las palabras.*

Optimista, espontáneo y con una actitud positiva hacia la vida. Comedido e independiente. Fiel a sus propias convicciones y escéptico ante las normas y principios externos. Le aburren las teorías y las reflexiones sobre el futuro.

Prefiere actuar y solucionar problemas concretos y tangibles.

Se adapta bien a los nuevos lugares y situaciones. Le gustan los nuevos retos y el riesgo. Es capaz de mantener la sangre fría ante las amenazas y los peligros. Su taciturnidad y su extrema sobriedad a la hora de expresar opiniones hace que suela ser indescifrable para los demás.

Tendencias naturales del *pragmático*:

- Fuente de energía vital: mundo interior.
- Asimilación de información: sentidos.
- Toma de decisiones: razón.
- Estilo de vida: espontáneo.

Tipos de personalidad similares:

- *Inspector*
- *Animador*
- *Administrador*

Datos estadísticos:

- Los *pragmáticos* constituyen el 6-9% de la población.
- Entre los *pragmáticos* predominan los hombres (60%).
- El país que se corresponde con el perfil de *pragmático* es Singapur.

Código literal:

El código literal universal del *pragmático* en las tipologías de personalidad de Jung es ISTP.

Más:

Jarosław Jankowski
Tu tipo de personalidad: Pragmático (ISTP)

Presentador (ESFP)

Lema vital: *¡Hoy es el momento perfecto!*

Optimista, enérgico y abierto a las personas. Es capaz de disfrutar de la vida y pasarlo bien. Práctico y al mismo tiempo flexible y espontáneo. Le gustan los cambios y las nuevas experiencias. Soporta mal la soledad, el estancamiento y la rutina. Se siente bien estando en el centro de atención.

Tiene unas capacidades interpretativas naturales y es capaz de hablar de una forma que despierta el interés y el entusiasmo de los oyentes. Al concentrarse en el día de hoy, a veces pierde de vista los objetivos a largo plazo. Suele tener problemas a la hora de prever las consecuencias de sus actos.

Tendencias naturales del *presentador*:

- Fuente de energía vital: mundo exterior.
- Asimilación de información: sentidos.
- Toma de decisiones: corazón.
- Estilo de vida: espontáneo.

Tipos de personalidad similares:

- *Defensor*
- *Artista*
- *Protector*

Datos estadísticos:

- Los *presentadores* constituyen el 8 -13% de la población.
- Entre los *presentadores* predominan las mujeres (60%).
- El país que se corresponde con el perfil de *presentador* es Brasil.

Código literal:

El código literal universal del *presentador* en las tipologías de personalidad de Jung es ESFP.

Más:

Jarosław Jankowski
Tu tipo de personalidad: Presentador (ESFP)

Protector (ISFJ)

Lema vital: *Me importa tu felicidad.*

Sincero, tierno, modesto, digno de confianza y extraordinariamente leal. Pone en primer lugar a los demás: percibe sus necesidades y desea ayudarles. Práctico, bien organizado y responsable. Paciente, trabajador y perseverante: es capaz de llevar los asuntos hasta el final.

Observa y recuerda los detalles. Valora mucho la tranquilidad, la estabilidad y las relaciones amistosas con los demás. Es capaz de tender puentes entre las personas. Soporta mal los conflictos y la crítica. Tiene un fuerte sentido de la responsabilidad y siempre está dispuesto a ayudar. Los demás suelen aprovecharse de él.

Tendencias naturales del *protector*:

- Fuente de energía vital: mundo interior.
- Asimilación de información: sentidos.
- Toma de decisiones: corazón.
- Estilo de vida: organizado.

Tipos de personalidad similares:

- *Artista*
- *Defensor*
- *Presentador*

Datos estadísticos:

- Los *protectores* constituyen el 8-12% de la población.

- Entre los *protectores* predominan claramente las mujeres (70%).
- El país que se corresponde con el perfil de *protector* es Suecia.

Código literal:

El código literal universal del *protector* en las tipologías de personalidad de Jung es ISFJ.

Más:

Jarosław Jankowski
Tu tipo de personalidad: Protector (ISFJ)

Apéndice

Las cuatro tendencias naturales

1. Fuente de energía vital dominante

   o MUNDO EXTERIOR
   Personas que obtienen energía del
   exterior, que necesitan actividad y
   contacto con los demás. Soportan
   mal la soledad prolongada.

   o MUNDO INTERIOR
   Personas que obtienen energía del
   mundo interior, que necesitan
   silencio y soledad. Se sienten
   agotados cuando están mucho
   tiempo en medio de un grupo.

2. Forma dominante de asimilación de la información

o SENTIDOS
Personas que dependen de los cinco sentidos. Les convencen los hechos y las pruebas. Les gustan los métodos comprobados y las tareas prácticas y concretas. Son realistas y se basan en la experiencia.

o INTUICIÓN
Personas que dependen de un sexto sentido, que se guían por los presentimientos. Les gustan las soluciones innovadoras y los problemas de índole teórica. Se caracterizan por su enfoque creativo de las tareas y por su capacidad de previsión.

3. Forma de toma de decisiones dominante

o RAZÓN
Personas que se guían por la lógica y los principios objetivos. Críticos y directos a la hora de expresar sus opiniones.

o CORAZÓN
Personas que se guían por los sentimientos y los valores. Anhelan

la armonía y necesitan estar bien con los demás.

4. Estilo de vida dominante

o ORGANIZADO
Personas concienzudas y organizadas. Valoran el orden, son personas a quienes les gusta actuar según un plan.

o ESPONTÁNEO
Personas espontáneas, que valoran la libertad. Disfrutan del momento y se encuentran a gusto en situaciones nuevas.

Porcentaje orientativo de los diferentes tipos de personalidad en la población

Tipo de personalidad:	Porcentaje:
Administrador (ESTJ):	10 – 13%
Animador (ESTP):	6 – 10%
Artista (ISFP):	6 – 9%
Consejero (ENFJ):	3 – 5 %
Defensor (ESFJ):	10 – 13%
Director (ENTJ):	2 – 5%
Entusiasta (ENFP):	5 – 8%
Estratega (INTJ):	1 – 2%
Idealista (INFP):	1 – 4%
Innovador (ENTP):	3 – 5%
Inspector (ISTJ):	6 – 10%

Lógico (INTP):	2 – 3%
Mentor (INFJ):	aprox. 1%
Pragmático (ISTP):	6 – 9%
Presentador (ESFP):	8 – 13%
Protector (ISFJ):	8 – 12%

Porcentaje orientativo de mujeres y hombres entre las personas con un determinado tipo de personalidad

Tipo de personalidad:	Mujere/ hombres:
Administrador (ESTJ):	40% / 60%
Animador (ESTP):	40% / 60%
Artista (ISFP):	60% / 40%
Consejero (ENFJ):	80% / 20%
Defensor (ESFJ):	70% / 30%
Director (ENTJ):	30% / 70%
Entusiasta (ENFP):	60% / 40%
Estratega (INTJ):	20% / 80%
Idealista (INFP):	60% / 40%
Innovador (ENTP):	30% / 70%
Inspector (ISTJ):	40% / 60%
Lógico (INTP):	20% / 80%
Mentor (INFJ):	80% / 20%
Pragmático (ISTP):	40% / 60%
Presentador (ESFP):	60% / 40%
Protector (ISFJ):	70% / 30%

Bibliografía

- Arraj James, *Tracking the Elusive Human, Volume 2: An Advanced Guide to the Typological Worlds of C. G. Jung, W.H. Sheldon, Their Integration, and the Biochemical Typology of the Future*, Inner Growth Books, 1990.

- Arraj Tyra, Arraj James, *Tracking the Elusive Human, Volume 1: A Practical Guide to C.G. Jung's Psychological Types, W.H. Sheldon's Body and Temperament Types and Their Integration*, Inner Growth Books, 1988.

- Berens Linda V., Cooper Sue A., Ernst Linda K., Martin Charles R., Myers Steve, Nardi Dario, Pearman Roger R., Segal Marci, Smith Melissa A., *Quick Guide to the 16 Personality Types in Organizations: Understanding Personality Differences in the Workplace*, Telos Publications, 2002.

- Geier John G., Downey E. Dorothy, *Energetics of Personality*, Aristos Publishing House, 1989.

- Hunsaker Phillip L., Alessandra J. Anthony, *The Art of Managing People*, Simon and Schuster, 1986.

- Jung Carl Gustav, *Tipos psicológicos*, Trotta, 2013.

- Kise Jane A. G., Stark David, Krebs Hirsch Sandra, *LifeKeys: Discover Who You Are*, Bethany House, 2005.

- Kroeger Otto, Thuesen Janet, *Type Talk or How to Determine Your Personality Type and Change Your Life*, Delacorte Press, 1988.

- Lawrence Gordon, *Looking at Type and Learning Styles*, Center for Applications of Psychological Type, 1997.

- Lawrence Gordon, *People Types and Tiger Stripes*, Center for Applications of Psychological Type, 1993.

- Maddi Salvatore R., Personality Theories: *A Comparative Analysis*, Waveland, 2001.

- Martin Charles R., *Looking at Type: The Fundamentals Using Psychological Type To Understand and Appreciate Ourselves and Others*, Center for Applications of Psychological Type, 2001.

- Meier C.A., *Personality: The Individuation Process in the Light of C. G. Jung's Typology*, Daimon Verlag, 2007.

- Pearman Roger R., Albritton Sarah, *I'm Not Crazy, I'm Just Not You: The Real Meaning of the Sixteen Personality Types*, Davies-Black Publishing, 1997.

- Segal Marci, *Creativity and Personality Type: Tools for Understanding and Inspiring the Many Voices of Creativity*, Telos Publications, 2001.

- Sharp Daryl, *Personality Type: Jung's Model of Typology*, Inner City Books, 1987. Spoto Angelo, Jung's Typology in Perspective, Chiron Publications, 1995.

- Tannen Deborah, *Tú no me entiendes*, Círculo de lectores, 1992.

- Thomas Jay C., Segal Daniel L., *Comprehensive Handbook of Personality and Psychopathology*, Personality and Everyday Functioning, Wiley, 2005.

- Thomson Lenore, *Personality Type: An Owner's Manual*, Shambhala, 1998.

- Tieger Paul D., Barron-Tieger Barbara, *Just Your Type: Create the Relationship You've Always Wanted Using the Secrets of Personality Type*, Little, Brown and Company, 2000.

- Von Franz Marie-Louise, Hillman James, *Lectures on Jung's Typology*, Continuum International Publishing Group, 1971.

www.ingramcontent.com/pod-product-compliance
Lightning Source LLC
Chambersburg PA
CBHW031208020426
42333CB00013B/836